Harm Peter Westermann
**Kreditwirtschaft und öffentliche Hand
als Partner bei Unternehmenssanierungen**

Schriftenreihe
der
Juristischen Gesellschaft zu Berlin

Heft 82

1983
Walter de Gruyter · Berlin · New York

Kreditwirtschaft und öffentliche Hand als Partner bei Unternehmens- sanierungen

Von
Harm Peter Westermann

Vortrag
gehalten vor der
Juristischen Gesellschaft zu Berlin
am 1. Juni 1983

W
DE
G

1983
Walter de Gruyter · Berlin · New York

Dr. jur. Harm Peter Westermann
Professor für Bürgerliches Recht, Handelsrecht und Rechtsvergleichung
an der Universität Bielefeld

CIP-Kurztitelaufnahme der Deutschen Bibliothek

Westermann, Harm Peter :
Kreditwirtschaft und öffentliche Hand als Partner bei
Unternehmenssanierungen : Vortrag gehalten vor d.
Jur. Ges. zu Berlin am 1. Juni 1983 / von Harm
Peter Westermann. – Berlin ; New York : de Gruyter,
1983.
(Schriftenreihe der Juristischen Gesellschaft zu
Berlin ; H. 82)
ISBN 3-11-009911-X
NE: Juristische Gesellschaft ‹Berlin, West›: Schriften-
reihe der Juristischen Gesellschaft e. V. Berlin

I. Situationsdarstellung und Problemlage

1. Die Zusammenarbeit von Kreditwirtschaft und öffentlicher Hand

Die Formulierung meines Themas deutet auf ein vielschichtiges Problemfeld hin, das der Kooperation hoheitlich oder verwaltungsprivatrechtlich handelnder Subjekte des öffentlichen Rechts mit privaten Unternehmen. Das erste, woran man hierbei angesichts der Verhandlung dieses Gegenstandes gerade in Berlin denken könnte, sind strafrechtliche oder im weiteren Sinn auf persönliche Verantwortung abzielende Aspekte. Denn schließlich hat man ja noch vor wenigen Wochen einen der gerade in Berlin bekanntesten Förderer der Zusammenarbeit von Kreditwirtschaft und öffentlicher Hand der hiesigen Strafjustiz zugeliefert, die jetzt prüfen muß, ob man diese Zusammenarbeit als Mittäterschaft ansehen kann oder inwieweit Mitwisser taugliche Opfer eines Betruges sein können. Größere und vor allem länger andauernde Publizität erlangten Fälle von Kooperation, wie auch der hier gemeinte „Fall Garski" zeigt, hauptsächlich bei einem Scheitern der Sanierung und Bekanntwerden größerer Konkursausfälle. Derartige Vorkommnisse haben gelegentlich die Staatsanwaltschaft, bei genügender Höhe der eingesetzten Mittel und ausreichender Größe der notleidenden Unternehmen aber immer das öffentliche Interesse und in einem Fall sogar schon einen parlamentarischen Untersuchungsausschuß[1] auf den Plan gerufen. Hierbei drängen sich dann, da es um Befriedigung von Forderungen und Ausgleich für Verluste geht, regelmäßig sehr schnell die privatrechtlichen Gesichtspunkte in den Vordergrund. Ihnen allein möchte ich hier nachgehen, wobei ich bewußt auf eine Auseinandersetzung mit den öffentlich-rechtlichen, mit der Zulässigkeit staatlicher Subventionen[2] zusammenhängenden oder gar den strafrechtlichen Fragen verzichte.

Im Mittelpunkt stehen dabei die durch die öffentliche Hand verbürgten *Sanierungskredite*, bei denen ein privatrechtlicher Vertrag, nämlich die

---

[1] „Der Staat als Sanierei" - Bericht des Parlamentarischen Untersuchungsausschusses zur Untersuchung der Gründe für das Scheitern der Sanierung *Bloßm*, ZIP 1980, 930 ff. Der Bericht kann jedem an der Rechtsproblematik der Unternehmenssanierung Interessierten als Fundgrube empfohlen werden.

[2] Eingehende Übersicht über den Stand der Judikatur und des Schrifttums bei *K. Schmidt*, Möglichkeiten der Sanierung von Unternehmen durch Maßnahmen im Unternehmens-, Arbeits-, Sozial- und Insolvenzrecht, Gutachten D zum 54. Deutschen Juristentag 1982, S. 116 ff.

6

Bürgschaft, ein höchst kontroverses Instrument der Strukturpolitik, mehr noch der Sozialpolitik geworden ist³, ohne daß die Verfolgung derartiger öffentlicher Aufgaben im Bewußtsein der Juristen bisher auf die privatrechtlichen Rechte und Pflichten direkt Einfluß genommen hätte. Als Privatrechtler geht es mir darum, ob dies nicht geschehen sollte, ob also das öffentliche Interesse an einer bestimmten privatrechtlichen Maßnahme ihre Bewertung beeinflussen oder ob umgekehrt die Wünsche bezüglich der öffentlich-rechtlichen Gestaltung auf Grenzen in den privatrechtlichen Gesetzmäßigkeiten stoßen müssen. Konkret gesprochen: Was ist privatrechtlich davon zu halten, wenn im Zusammenhang mit der Gewährung einer Bürgschaft der verbürgte Kredit vom Schuldner derart besichert werden muß, daß der spätere Konkursverwalter eine sittenwidrige Aushöhlung der Masse behauptet? Wie stellt sich das Konzernrecht zu der Maßnahme, aus einer im Vergleich befindlichen Unternehmensgruppe das gesamte — offenbar noch lohnende — Exportgeschäft auszugliedern, um es auf eine somit aus dem Konkurs herauszuhaltende Tochtergesellschaft zu verlagern, der sodann ein landesverbürgtes Exportaval eingeräumt wird? Können auf der anderen Seite öffentliche Mittel zur Rettung von Großunternehmen eingesetzt werden, die vorher durch ihr Auftreten im Wettbewerb die Belange kleinerer oder mittlerer Unternehmen der Region oder der ganzen Branche gefährdet haben, um nach einer eventuellen Rettung im Interesse der bisherigen Eigner vielleicht so fortzufahren wie früher?

Eingeweihte werden wissen, daß sich mit den im vorigen angesprochenen Fällen Beton- und Monierbau (Düsseldorf), Blohm (Hamburg-Bergedorf), AEG und van Delden (Gronau-Ochtrup) neben den schon genannten noch weitere rechts- und gesellschaftspolitisch brisante Fragen verbinden. Dies gilt ganz abgesehen von den fast unerfüllbaren Ansprüchen, die im Rahmen solcher Entscheidungen an den Sachverstand und das moralische Stehvermögen von Parlamentariern, Regierungsbeamten und Bankenvertretern gestellt werden; die Pressionen von seiten des Kreditnehmers gegen seine Banken haben — im Rahmen der gebotenen Prüfung strafrechtlich relevanten Verhaltens von Bankmitarbeitern — auch bereits das Interesse der Strafverfolgung erregt⁴.

2. Die mit einer Bürgschaft verfolgten Ziele im einzelnen

Rücken wir unseren Gegenstand aus dem politischen Hintergrund ein wenig nach vorne, so werden die von den Banken und von der öffentli-

³ Siehe dazu *Graf Lambsdorff,* Die Welt vom 2.10.1980. Eine Verteidigung aus den Erwartungs- und Politikstrukturen des modernen Wohlfahrtsstaates, die sich allgemein auf staatliche Finanzhilfen bezieht, liefert *Flessner* ZIP 1981, 1283, 1285. Speziell zum Fall AEG siehe *Lenel,* WuW 1983, 429, 440 ff.
⁴ Siehe die Bemerkungen von *Nack,* NJW 1980, 1599, 1601.

chen Hand verfolgten *Ziele* und die an sie gestellten *Anforderungen* deutlicher.

a) Wenn ein Unternehmen in eine Finanzkrise gerät, die die Gefahr von Überschuldung und Zahlungsunfähigkeit heraufbeschwört, wird es sich zumindest wegen der Liquiditätsprobleme an Kreditinstitute, vorzugsweise an die Hausbank oder mehrere ihm nahestehende Banken wenden. Die Banken werden sich zur Abwendung der Insolvenz um die Beschaffung von Liquidität und Eigenkapital für das Unternehmen bemühen, wobei sie selbst durch Bereitstellung zusätzlicher Kredite hauptsächlich für die erste Aufgabe zuständig sind. Die Sonderproblematik, die entsteht, wenn die Bank gleichzeitig auch als Gesellschafterin oder Aktionärin des notleidenden Unternehmens Eigenkapital zuführt oder zur Verfügung stellt — Stichwort: eigenkapitalersetzende Bankendarlehen — ist zu vielschichtig, um hier am Rande erörtert werden zu können[5]; bemerkt sei nur, daß sie sich offenbar auch stellen kann, wenn das zur Sanierung angetretene Land die Unternehmensführung und -finanzierung durch eigene Behörden und Landesbanken betreiben läßt[6]. Vor der Gewährung von Krediten wird eine Bank sich die nach § 18 KWG notwendigen Informationen beschaffen und wird je nach dem Ergebnis der Bonitätsprüfung Sicherheiten verlangen. In der Regel werden keine ausreichenden Sicherheiten mehr zur Verfügung stehen, doch darf man diesen Befund, wie die Fälle Beton- und Monierbau sowie Blohm zeigen[7], nicht verallgemeinern.

Als nächstes wird die Bank einen Blick darauf werfen, wie es unter den gegebenen Umständen mit der Einbringlichkeit und mit der Besicherung ihrer früher schon ausgereichten Kredite steht. Dies ist der Grund dafür, daß nicht selten gescheiterte Sanierungsmaßnahmen in den Verdacht geraten, in Wahrheit zur Rettung früherer Kredite unternommen worden zu sein. Aber auch der Bankier, dem dies fernliegt, vielleicht weil seine früheren Kredite gut gesichert sind[8], wird sich häufig nicht von dem Gefühl freimachen können, als Hauptkreditgeber eine gewisse Verantwortung für das Unternehmen und seine Mitarbeiter zu tragen. Dies läßt ihn dann nach Wegen suchen, notfalls unter Eingehung neuer Risiken die Insolvenz des Schuldners zu vermeiden, übrigens möglichst in größter Diskretion und noch größerer Eile, um ein für das Unternehmen u. U. tödliches öffentliches Gerede zu vermeiden.

---

[5] *H. P. Westermann*, ZIP 1982, 380 ff.; *Menzel*, Die AG 1982, 197, 201 ff.; *Rümker*, ZIP 1982, 1396; *Uhlenbruck*, GmbH-Rundschau 1982, 141, 151 ff.; *K. Schmidt*, ZHR 147 (1983), S. 165 ff.; *Ullrich*, GmbH-Rundschau 1983, 133 ff.
[6] Siehe den in Fn. 1 erwähnten Bericht.
[7] Zum Fall Blohm siehe Fn. 1; zur Kreditbesicherung im Fall Beton- und Monierbau AG siehe *meine* Bemerkungen in KTS 1982, 165, 170 Fn. 21.
[8] Siehe den von *mir* in ZIP 1982, 380, 382, mitgeteilten Fall.

8

b) Am Gelingen eines aus diesen Motiven eingeleiteten Sanierungsversuchs sind auch die sogenannten öffentlichen Hände interessiert, die man
in diesem Bereich einmal nicht als fordernd aufgehaltene, sondern mit der
bekannten Graphik Dürers als betende Hände kennzeichnen könnte: Sie
beten um die Erhaltung der Arbeitsplätze, und zwar tunlichst in einer
Weise, die nicht gegen die Grundregeln der Wettbewerbswirtschaft und
die darin geforderte Eliminierung untüchtiger Wettbewerber aus dem
Markt verstößt und zugleich dem Staat im Augenblick keinen finanziellen
Aufwand abfordert, sondern nur die Eingehung von Eventualverbindlich-
keiten. Zu hören ist in diesem Zusammenhang auch, die Hilfen des Staats
dürften nicht die dauerhafte Sozialisierung von Verlusten bewirken —
eine vorübergehende Sozialisierung wird also offenbar hingenommen.
Die Motivation für das Handeln besonders der Wirtschaftsministerien
und -senatoren entnehme ich einer mir vorliegenden Korrespondenz mit
entsprechenden Antworten auf Anfragen aus dem politischen Raum, aus
denen als erstes hervorgeht, daß sich die Handelnden des bestehenden
Zielkonflikts durchaus bewußt sind. Allenthalben wird betont, daß die
Hilfen nur in einem zeitlich eng begrenzten Rahmen zur Überwindung
externer Schwierigkeiten gegeben werden sollen. Hingewiesen wird in
diesem Zusammenhang auch auf die Notwendigkeit, notfalls durch Auflagen für eine qualifizierte Unternehmensleitung zu sorgen, ein Erfolg
verheißendes Unternehmenskonzept vorher prüfen und seine Einhaltung
später kontrollieren zu können. Insgesamt ist sowohl die institutionelle
Legitimation von Sanierungsmaßnahmen gegenüber den wettbewerbspo-
litischen Forderungen als auch die hinlängliche Sicherung eines positiven
Ergebnisses im Einzelfall immer wieder in so hohem Maße Gegenstand
von Kritik und Diskussion gewesen[9], daß das, was von seiten der öffentlichen Hände getan wird, sozusagen immer mit schlechtem Gewissen
geschieht.
Dennoch gibt es, wie diese Andeutungen erkennen lassen, eine gewisse
staatliche Praxis in der Behandlung von Bürgschaften für Sanierungskredite. Mir liegen die *Richtlinien* einer Reihe von Bundesländern über die
Gewährung von Bürgschaften[10] vor, ferner eine diesbezügliche Ausarbeitung der wissenschaftlichen Dienste beim Deutschen Bundestag[11]. Um
auch das hier bestehende law in action studieren zu können, habe ich
sodann die der Westdeutschen Landesbank vorliegenden Unterlagen über
die Gewährung der Landesbürgschaft für das Unternehmen Beton- und
Monierbau AG in Düsseldorf durchgesehen und dabei festgestellt, welch

---

[9] Übersicht bei *K. Schmidt* (Fn. 2), S. 25 ff.; siehe auch die Diskussion bei *Lenel*
(Fn. 3).
[10] Vollständige Zusammenstellung bei *K. Schmidt* a. a. O. S. 116 ff.
[11] Fachbereich VG, Sachgebiet 7, Reg. Nr. WF-VG-140/81.

überragenden Einfluß im Bewilligungsverfahren und insbesondere bei der Meinungsbildung der verantwortlichen Politiker das Argument der Gefährdung zahlreicher Arbeitsplätze auch gegenüber genau erkannten Schwächen eines Sanierungskonzepts besitzt[12]. Wenn auch die wirtschaftliche Situation des Landes Nordrhein-Westfalen nicht unbedingt repräsentativ sein mag, erscheint mir auf Grund der Durchsicht der erwähnten Materialien das Gesamtbild der Beweggründe und der Grundsätze staatlicher Maßnahmen auf diesem Gebiet zumindest auf dem Papier außergewöhnlich einheitlich.

3. Rechtliche Qualifikation der Vorgänge

Sowohl das Handeln des Staates als solches als auch die Kooperation mit den privatrechtlichen Kreditinstituten bedarf einer rechtlichen Ordnung. Eine *privatrechtliche Konzeption* ist freilich nur in Ansätzen vorhanden.

a) Die meisten Bundesländer haben Richtlinien für die Gewährung von Bürgschaften erlassen, die aber sämtlich, wenn sie die Absicherung von Krediten an Krisenunternehmen überhaupt erwähnen, diesen Fall nur ganz am Rande regeln. Er soll — so der Generalton aller zu den Richtlinien gegebenen Erläuterungen — neben den an sich im Vordergrund stehenden Bürgschaften für Aufbau- und Neugründungshilfen eine Ausnahme bleiben. Zum Teil wird er als haushaltsrechtlich unmöglich hingestellt, ohne jedoch damit als praktisch ausgeschlossen gelten zu können. Manche Richtlinien ermächtigen das Land ausdrücklich, die Gewährung einer Bürgschaft mit Auflagen zu verbinden, und in der mir vorliegenden Korrespondenz wird betont, daß auf dieser Grundlage personelle Veränderungen im Kreis der Unternehmensleiter gefordert und durchgesetzt worden seien, ferner bestimmte Finanzierungskonstruktionen sowie Entnahmebeschränkungen für die Gesellschafter. Es kommen auch Neugründungen von Unternehmen, die Besetzung der Geschäftsführung mit Mitarbeitern staatlicher Stellen sowie die Regelung der Rechts- und Finanzberatung vor[13].

Soweit danach Bürgschaften gewährt werden können, verläuft das vorgeschriebene Verfahren im wesentlichen ähnlich. Bei geringeren Beträgen sollen die Bürgschaften von Kreditgarantiegemeinschaften der Privatwirtschaft übernommen werden, von denen etwa in Nordrhein-Westfalen fünf existieren, denen gegenüber aber Bund und Land in bestimmter

---

[12] Den Herren *Dr. Rümker* und *Schmidt* von der Rechtsabteilung der Bank danke ich für Auskünfte und Unterstützung bei der Sichtung des genannten Materials.

[13] Siehe auch dazu den in Fn. 1 erwähnten Bericht; noch weitergehende Vorstellungen entwickelt *Lenel* (Fn. 3) S. 443.

10

Höhe Rückbürgschaften übernehmen können[14]. Bei hohen Beträgen, wie sie in den bekanntgewordenen Fällen naturgemäß im Vordergrund stehen, verbürgt sich das Bundesland gegenüber der Gläubigerbank, die den hierauf gerichteten Antrag des schuldenden Unternehmens bearbeiten und nach bestimmten Vorschriften dokumentieren muß. Ich halte mich im folgenden vorwiegend an die im Jahre 1981 neu gefaßten Richtlinien des Landes Nordrhein-Westfalen, die in Ziff. 2.1 eine informell als „Hausbankerklärung" bezeichnete „Bereitschaftserklärung des Kreditgebers zur Kreditgewährung mit Angabe der Höhe der benötigten Landesbürgschaft sowie eine Beurteilung des Antragstellers und seines Antrags" fordern. In Ziff. 2.2 wird dann darauf hingewiesen, die — maßgeblich im Besitz öffentlicher Körperschaften befindliche — Wirtschaftsprüfungsgesellschaft „Treuarbeit" sei mit der „Annahme, Bearbeitung und Begutachtung der Anträge sowie mit der Vorbereitung der Bürgschaftsübernahme, der Verwaltung und Abwicklung der Landesbürgschaften" beauftragt[15].

Die schließliche Entscheidung liegt beim Finanzministerium, das aber Stellungnahmen des zuständigen Fachministers einholt und das Ergebnis der Erörterung im Haushalts- und Finanzausschuß sowie im Bürgschaftsausschuß des Landtages berücksichtigt. Bei der Landesbürgschaft für die Beton- und Monierbau AG wurden Vertreter des Unternehmens und der Bank im Haushalts- und Finanzausschuß eingehend befragt, desgleichen Beamte des Finanzministeriums. Thema dieser Befragung sind der derzeitige Stand und die unmittelbaren Zukunftsaussichten des Unternehmens, weniger anscheinend die unternehmerische Konzeption, mehr demgegenüber wieder die Möglichkeit, andere Finanzquellen oder Sicherheiten wie etwa Darlehen oder Patronatserklärungen von Aktionären zu erschließen. In Nordrhein-Westfalen wird auch eine umfassende und laufende Informationspflicht der Hausbank angenommen, indem der Kreditgeber Ereignisse, die „wesentliche Rückwirkungen auf das Vertragsverhältnis haben oder haben können", unverzüglich der Treuarbeit anzuzeigen hat[16]. Schließlich sehen alle mir vorliegenden Richtlinien ausdrücklich vor, daß die Landesbürgschaft nur als Ausfallbürgschaft gegeben werden kann, so daß der Kreditnehmer „alle zumutbaren Sicherheiten zu stellen" hat[17].

b) Das eigentliche *Bürgschaftsgeschäft* läuft äußerlich ohne Besonderheiten ab: Vertrag über einen Bankkredit an den Schuldner und dessen Besicherung, Bürgschaftserklärung des Landes (abzugeben durch die

---

[14] Nachw. zu den Geschäftsbedingungen der Kreditgarantiegemeinschaften bei K. *Schmidt* (oben Fn. 2), S. 115 Fn. 557.

[15] „Bürgschaftsrichtlinien" des Landes NRW, MBl. NRW Nr. 63 vom 16. 6. 1978, S. 876 ff., geändert durch RdErl. vom 3. 2. 1980, MBl. NRW 1981, S. 11.

[16] Ziff. 4.2 der genannten Richtlinien.

[17] In NRW Ziff. 3.11 sowie 1.5 der Richtlinien.

Treuarbeit)[18] gegenüber der Bank, Valutierung des Kredits über die Hausbank. Im Falle der Beton- und Monierbau AG standen als Sicherheit immerhin noch der Maschinenpark des Unternehmens sowie zahlreiche Grundpfandrechte zur Verfügung. Die Sicherheiten, die der Bank bestellt wurden, waren also nur teilweise still, abgesehen von der ohnehin beachtlichen Publizität des ganzen Vorgangs in der Wirtschafts- und Tagespresse[19].

In die Verwendung der solchermaßen zur Verfügung gestellten Mittel schaltet sich das Land gewöhnlich[20] nicht ein. Nicht selten — so im Fall Beton- und Monierbau — hat dagegen die Bank als Gläubiger — möglicherweise neben anderen Kreditinstituten — Sitz und Stimme im Aufsichtsrat. Im genannten Fall war sie natürlich auch sonst als langjährige Hausbank in ständigen Verhandlungen mit der weiteren Finanzierung des Unternehmens befaßt. Sie erhielt auch Finanzpläne und verwaltete die Sicherheiten. Eine Veränderung im Management fand nicht statt. In einem anderen mir bekannten Fall, ebenfalls in Nordrhein-Westfalen, wurde die Bürgschaft dagegen davon abhängig gemacht, daß von den zahlreichen Gesellschaftern des Schuldner-Unternehmens, einer GmbH, die weitaus meisten ihre Geschäftsanteile zu einem deutlich unter dem Nennwert liegenden Betrag an einen von ihnen verkauften; während der Laufzeit des Kredits wurde ferner dem kreditgebenden Bankenkonsortium maßgebender Einfluß auf die Zusammensetzung der Geschäftsführung eingeräumt. Das letzte, was ich in dieser Beziehung in Händen gehalten habe, ist die Erklärung des am Kapital mehrheitlich beteiligten Kommanditisten einer KG-Gruppe gegenüber der kreditgebenden Bank, „daß Entscheidungen von Relevanz für die Kommanditgesellschaften und die Unternehmensgruppe ausschließlich von den Komplementären der Kommanditgesellschaften getroffen werden". Diese auf Wunsch des bürgenden Landes abgegebene sogenannte Relevanzerklärung wurde übrigens später in einem Rechtsstreit zwischen Kommanditisten und Komplementär[21] um außergewöhnliche Geschäftsführungsmaßnahmen als Argument für die fehlende Aktivlegitimation des klagenden Kommanditisten herangezogen. Das angerufene Landgericht rieb sich ein wenig verwundert die Augen, wies dann aber die Klage aus anderen Gründen ab, so daß die „Relevanzerklärung" erst heute die ihr zukommende juristische Publizität erhält.

---

[18] In NRW Ziff. 2.2 der Bürgschaftsrichtlinien.
[19] Nur beispielhaft: Handelsblatt vom 20.2.1978; Die Welt vom 20.2.1978; Der Spiegel vom 20.2.1978; Die Zeit vom 24.2.1978; Süddeutsche Zeitung vom 14.2.1978.
[20] Insofern ist der in Fn.1 in bezug genommene Fall Blohm, wie auch der Parlamentarische Untersuchungsausschuß betont, ein Sonderfall.
[21] LG Bielefeld 10 O 240/82, Urt. vom 3.9.1982.

Im allgemeinen müssen aber alle Beteiligten Opfer bringen. Zum einen werden die Kredite nicht in vollem Umfang verbürgt, sondern nur zu einem gewissen Prozentsatz. Daneben spielen nicht selten auch Forderungsverzichte mit oder ohne Besserungsschein eine Rolle, manchmal auch der Verzicht anderer Kreditgeber auf die Rechte aus sogenannten Negativklauseln. So werden für die Sanierung der AEG 2,2 Mrd. DM zur Durchführung des Vergleichs bereitgestellt, davon bundesverbürgt die Hälfte, die andere nur durch Negativklausel seitens des Unternehmens besichert. Das Exportaval wurde hier schon erwähnt; hinzuzufügen ist noch, daß die alten Kredite der Banken in Höhe der Vergleichsquote nicht bedient, sondern eingefroren werden. Diese bis zum Jahre 1986 laufende Maßnahme betrifft einen Betrag von noch einmal 1,2 Mrd. DM, während 2,8 Mrd. DM ersatzlos gestrichen werden.

4. Zwischenbilanz

Eine vorläufige rechtliche Besinnung kann hier ansetzen. Man verzichtet gewiß nicht gern auf bestehende Forderungen, nur um neue Kredite teilweise verbürgt zu erhalten. Umgekehrt würde man das Risiko des Geldkreditgebers, wenn die Kreditwürdigkeitsprüfung in der geschilderten Weise stattgefunden hat, gern auf mehrere Stellen verteilen. Daraus folgt eine allgemeiner zu formulierende Beobachtung: Anders als bei der gewöhnlichen Einschaltung eines Bürgen in Kreditgeschäfte dient hier nicht so sehr der Bürge dem Gläubiger als Sicherheit, sondern das Kreditinstitut wird als Gläubiger vom Bürgen als dem politisch am stärksten Interessierten eingeschaltet und in die Pflicht genommen, bei der dem Bürgen wichtigen Sanierung mitzuwirken. Wenn *Karsten Schmidt* in einer neueren Stellungnahme[22] meint, bei der Sanierung außerhalb eines Insolvenzverfahrens unterlägen die Entschlüsse der Beteiligten ihrer freien Entscheidung und folglich ihrer eigenen Verantwortung, so ist dies nur teilweise richtig, wenn man den nicht unerheblichen Druck der Medien, lokaler und überregional tätiger Politiker, der Betriebsräte und Gewerkschaften sowie schließlich die Sorge um das standing der Kreditinstitute in Rechnung stellt. Dieser Druck ist auch nicht nur eine Erscheinung bei Mammut-Insolvenzen — oder soll man in Anlehnung an einen Ausdruck des Kartellrechts: auf dem Elefantenfriedhof sagen? —, sondern tritt, wie ich aus eigener Kenntnis[23] bezeugen kann, auch schon bei der Gefahr einer bloß örtlich spürbaren Insolvenz auf, da nun einmal kein Politiker in seinem Wahlkreis auf solche Vorfälle angesprochen werden möchte[24]. Derzeit erleben wir in Nordrhein-Westfalen wieder dasselbe bei

---

[22] WM 1983, 490, 494.
[23] Auch dies sind Erfahrungen aus dem oben in Fn. 8 mitgeteilten Fall.

den Versuchen zur Sanierung der zur Bomin-Gruppe gehörigen *Moen-ninghoff*-GmbH[25]: Demonstrationszug der Belegschaft, angeführt vom Bürgermeister und Stadtdirektor, durch die Stadt *Hattingen*, schwere Vorwürfe an die Adresse der Banken, Empfang einer Delegation der Belegschaft durch den Ministerpräsidenten des Landes. Insbesondere öffentliche Banken oder Institute wie die Bank für Gemeinwirtschaft werden hierbei stark unter Druck gesetzt.

Geht man von hier aus einen Schritt weiter, so wird zu prüfen sein, ob unter Berücksichtigung der erwähnten Tatsachen die gängige privatrechtliche Behandlung von Darlehen und ihrer Besicherung sowie die des Verhältnisses zwischen Schuldner, Gläubiger und Bürgen nicht in verschiedener Hinsicht modifiziert werden muß. Ferner möchte ich einen kritischen Blick auf die Einflüsse auf die Personalpolitik der notleidenden Unternehmen werfen, die von seiten der beteiligten öffentlichen Körperschaften unter Einschaltung der Kreditinstitute mit den Sanierungskrediten verbunden werden.

II. Gegenseitige Beeinflussung von Bürgschaft und Kreditvertrag

1. Die Rechtsnatur der abgegebenen Erklärungen

Man ist gewohnt, die Bürgschaft als akzessorische Sicherheit aufzufassen, was bedeutet, daß Mängel des Kreditvertrages zwischen Gläubiger und Schuldner der Inanspruchnahme des Bürgen entgegenstehen können. Im übrigen unterliegt das Rechtsverhältnis zwischen dem Bürgen und dem Gläubiger selbständigen Wirksamkeitserfordernissen. Es ist insofern farblos, als es allein und einseitig auf die Sicherung des Gläubigers abzielt, also — wie es das RG einmal formuliert hat[26] — nicht von den Maßstäben des Interessenausgleichs geprägt ist. Daher bestehen keine grundsätzlichen Bedenken dagegen, daß der Bürge die Gültigkeit seiner Verpflichtung von besonderen Umständen außerhalb des Rechtsverhältnisses zwischen Gläubiger und Schuldner abhängig macht. Dies tun manche Bürgschaftsrichtlinien der Länder, indem sie dem Gläubiger entgegen der bisher h.M. in Rechtsprechung und wissenschaftlichem Schrifttum[27]

---

[24] In dem oben Fn. 1 erwähnten Bericht hat sich der parlamentarische Untersuchungsausschuß auch — mit negativem Ergebnis — mit der Prüfung der Behauptung befaßt, der Abg. Helmut Schmidt (Bergedorf) und der IG-Metall-Vorsitzende Loderer hätten auf die Entscheidungen der Stadt Hamburg zur Übernahme der Sanierung Einfluß genommen.

[25] Zum folgenden Handelsblatt vom 17.5.1983; Westdeutsche Allgemeine vom 17.5.1983; WAZ vom 11.5.1983; Westfälische Nachrichten vom 17.5.1983.

[26] RG HRR 1932 Nr. 1430; Münchener Kommentar-*Pecher*, § 765 Rdnr. 14.

[27] Nachw. bei *Erman-Seiler*, BGB, vor § 765 Rdnr. 12.

umfassende Pflichten zur Aufklärung des Bürgen oder — so die Lage in Nordrhein-Westfalen — der von ihm eingesetzten Wirtschaftsprüfungsgesellschaft über die Lage des Hauptschuldners und zur Information über seine weitere Entwicklung auferlegen. Praktische Bedeutung erhält diese Modalität dadurch, daß nach den Richtlinien[28] bei Pflichtverletzungen der Hausbank gegenüber dem bürgenden Land dieses von der Inanspruchnahme aus der Bürgschaft frei wird. In diesem Zusammenhang ist der Kreditgeber gehalten, bei der Verwaltung des Kredits, der Kontrolle des Eingangs von Teilzahlungen und der Beobachtung der wirtschaftlichen Situation des Schuldners stets aufs engste mit der Wirtschaftsprüfungsgesellschaft zu kooperieren, auch ist durch Ziff. 6 der Richtlinien dem Landesrechnungshof ein Prüfungsrecht entsprechend den Vorschriften der LHO eingeräumt worden. Ein Freiwerden von der Bürgschaft kann sich danach also auch ergeben, wenn nach Valutierung des Kredits die Zusammenarbeit des Kreditinstituts mit dem Land oder mit der Wirtschaftsprüfungsgesellschaft nicht befriedigend verlaufen ist, desgleichen, wenn dem Landesrechnungshof keine zufriedenstellenden Auskünfte gegeben worden sind.

Der Dogmatiker wird bemerken, wie hier aus dem einseitig verpflichtenden Vertrag, als der sich die *Bürgschaft* bisher in der Theorie darstellte[29], ein beiderseitig verpflichtendes Geschäft wird, dem sogar ein genetisches Synallagma zugrunde liegt. Dies interessiert hier allerdings weniger als die erhebliche Ausweitung des Risikos der beteiligten Banken. In den bedeutenden Sanierungsfällen der letzten Jahre, bei denen alle Beteiligten unter größtem Zeitdruck zur Vermeidung eines Insolvenzverfahrens eine Lösung durch Gewährung verbürgter Kredite suchten, waren gründliche Prüfungen der Lage des Schuldners nicht immer möglich[30]; erst bei der AEG ist man jetzt offen anders verfahren. Etwa der WestLB lag, als sie den Antrag auf Gewährung einer Landesbürgschaft für die Beton- und Monierbau AG bearbeitete und unterstützte, die für das Land gefertigte Ausarbeitung der Treuarbeit nicht vor. Hierzu zwingen übrigens die Richtlinien bis heute nicht. Das Studium von Akten und der Austausch von Erfahrungsberichten in bezug auf alle praktischen Fälle überzeugen davon, daß vor und während diesbezüglicher Entscheidungen die Ereignisse sich überschlagen können[31]. Man fragt sich daher, ob es eine angemessene Verteilung der Risiken unter Bürgen und Hauptgläubiger

---

[28] In NRW Ziff. 3.8 der Bürgschaftsrichtlinien.
[29] *Erman-Seiler*, BGB, vor § 766 Rdnr. 7.
[30] Siehe wiederum den in Fn. 1 genannten Bericht.
[31] So in dem oben in Fn. 8 erwähnten Fall; nach *Flessner* (oben Fn. 3) S. 1285 ist die praktische Notwendigkeit „hastiger und heimlicher Finanzhilfen auf unzureichender Informationsbasis", der der Staat unterliege, ein wichtiges Argument für die Einführung eines formellen Sanierungsverfahrens.

darstellt, wenn der Bürge alle Informationsmängel und auch das Versagen in der späteren Zusammenarbeit zwischen dem Kreditinstitut und der Wirtschaftsprüfungsgesellschaft, möglicherweise auch dem Landesrechnungshof, als Grund für das Entfallen der Bürgenpflicht geltend machen kann. Dies geschieht, indem generell alle Verstöße gegen Pflichten der kreditgebenden Bank aus den Richtlinien, wenn dadurch ein Ausfall oder eine Ausfallerhöhung verursacht würde, das Land von der Pflicht aus der Bürgschaftsübernahme frei werden lassen (Ziff. 3.8 der Richtlinien).

Die Richtlinien bestimmen den Inhalt des Vertrages zwischen der kreditgebenden Bank und dem bürgenden Land mit. Dies folgt daraus, daß die Richtlinien in bezug auf das Verfahren Pflichten des Kreditinstituts begründen, vor allem aber daraus, daß sie bei Vorliegen der in Ziff. 3.8 erwähnten Voraussetzungen das Land von der Pflicht aus der Bürgschaftsübernahme freistellen. Einer näheren Untersuchung, inwieweit hier eine synallagmatische oder nur eine konditionale Verknüpfung der Pflichten vorliegt[32], bedarf es nicht, da beides jedenfalls auf einer vertraglichen Begründung beruhen muß.

Da nun die Richtlinien als „fertig bereitliegende Rechtsordnung" von den bürgenden Ländern den Bürgschaftsverträgen in der Art zugrunde gelegt werden, daß sie vom Bürgen als „Verwender" dem Kreditinstitut als der „anderen Vertragspartei" bei Abschluß des Vertrages „gestellt" werden, liegt rein äußerlich sogar eine der *Inhaltskontrolle* zugängliche Situation vor, die sich allerdings nach § 24 AGBG auf die Einhaltung der Maßstäbe des § 9 zu beschränken hätte. Nun bin ich natürlich nicht so vermessen, Rechtsgeschäfte des Verwaltungsprivatrechts[33], zu dem die Bürgschaftserklärung der öffentlichen Hand gehören dürfte, unbesehen dem AGBG zu unterstellen. Aber zu den Bereichsausnahmen nach § 23 AGBG gehört die Gewährung von Bürgschaften durch staatliche Stellen nicht, und im übrigen ist anerkannt, daß behördlich genehmigte Geschäftsbedingungen, etwa Beförderungs- oder Versicherungsbedingungen, uneingeschränkt dem AGBG unterliegen, auch wenn sie ein privatrechtliches Verhältnis gestalten. Dies ist etwa für die AVB, die Geschäftsbedingungen der Bausparkassen sowie manche Beförderungsbedingungen angenommen worden, zuletzt für die Beförderungsbedingungen der Lufthansa, obwohl diese auf der IATA-Empfehlung beruhen und behördlich genehmigt worden sind[34]. Nun liegt zwischen behördlich

---

[32] Zu diesem Unterschied Münchener Kommentar-*Emmerich*, vor § 320 Rdnr. 11.

[33] *Wolff-Bachof*, Verwaltungsrecht I, § 23 V b; *Forsthoff*, Verwaltungsrecht I, S. 197 ff.

[34] BGH NJW 1983, 1322 m. Anm. von *Bunte;* w. Nachw. bei *Ulmer-Brandner-Hensen*, Kommentar zum AGBG, § 9 Rdnr. 17.

16

genehmigten Geschäftsbedingungen und staatlichen Richtlinien sicher noch ein weiterer Schritt. Wenn § 8 AGBG bestimmt, daß die Inhaltskontrolle nur vertragliche Abweichungen von „Rechtsvorschriften" betrifft, so bedeutet dies, daß die unmittelbare Gestaltung eines Rechtsverhältnisses durch Rechtsnormen nicht unter das AGBG fällt, sondern allenfalls mit anderen Kontrollinstrumenten überprüft werden kann; anderes wird wieder für öffentlich-rechtliche Verträge vertreten, die durch vorformulierte Vertragsbedingungen gestaltet werden[35]. Besteht eine spezialgesetzliche Ermächtigung zur Festsetzung von Vertragsbestimmungen durch Verwaltungsakt, so bei der Gestaltung von Krankenhauspflegesätzen, so sollen nach ebenfalls umstrittener Ansicht keine AGB vorliegen[36], was allerdings zumindest in dieser Allgemeinheit der sonst wohl überwiegenden Auffassung widerspricht, daß bei privatrechtlicher Ausgestaltung des Rechtsverhältnisses zwischen der öffentlichen Hand und einem Benutzer durch die Bezugs- und Benutzungsbedingungen eine Privilegierung der einseitig gestellten Vertragsinhalte nicht gerechtfertigt sei.

Der Bürgschaftsvertrag zwischen Land und Kreditinstitut gehört dem Privatrecht an, desgleichen der Darlehensvertrag zwischen der Bank und dem zu sanierenden Unternehmen, und die Richtlinien gestalten sowohl das Zustandekommen als den näheren Inhalt dieser Verträge, ohne mit den wegen § 8 AGBG aus der Inhaltskontrolle ausscheidenden Rechtsverordnungen zur Güter- und Personenbeförderung[37] in der Rechtsqualität vergleichbar zu sein. Insgesamt spricht m. E. daher mehr für die Möglichkeit einer gerichtlichen Inhaltskontrolle nach § 9 AGBG, die dann leicht zum Nachteil des bürgenden Landes ausgehen könnte, weil die hier vorliegende Ausgestaltung des Bürgschaftsvertrages von den wesentlichen Grundgedanken der gesetzlichen Regelung dieses Vertragstyps erheblich abweicht. Dann sind Bestimmungen, die das Risiko für eine Fehlbeurteilung der Situation ganz einseitig auf das Kreditinstitut abwälzen, ungültig. Wer hier als Kenner der Verhältnisse in den betroffenen Ministerien erschrickt, möge immerhin bedenken, daß im Verwaltungsprivatrecht nach — soweit ich sehe — einhelliger Auffassung die Grundrechtsbindung der öffentlichen Hand besteht[38], so daß eine einseitige Risikoabwälzung auf das Kreditinstitut als Widerspruch zum *Verhältnismäßigkeitsgrundsatz* ebenfalls keinen Bestand haben könnte. Der Grundsatz der engen Auslegung von Freizeichnungsklauseln sowie das Gebot der Erfor-

---

[35] *Stober*, DöV 1977, 398; *Ulmer-Brandner-Hensen*, § 9 Rdnr. 18; *Koch-Stübing*, Kommentar zum AGBG, § 9 Rdnr. 17; *Palandt-Heinrichs*, vor § 8 AGBG Anm. 2 c; a. M. *Helm*, NJW 1978, 1291 *Staudinger, Schlosser* § 1 AGBG Rdnr. 4.
[36] BGH NJW 1979, 598; a. M. OVG Lüneburg NJW 1978, 1211.
[37] Nachw. bei *Ulmer-Brandner-Hensen*, § 9 Rdnr. 19.
[38] *V. Münch* in: *Erichsen-Martens*, Allgemeines Verwaltungsrecht. 3. Aufl. 1978, S. 46.

derlichkeit und Verhältnismäßigkeit von Vorschriften, die den Abnehmer oder Benutzer belasten, ist als Konkretisierung derartiger Grundgedanken in der Rechtsprechung schon öfter zur Kontrolle öffentlich-rechtlicher Bedingungen angewendet worden[39].

2. Folgen unzureichender Information des Bürgen

a) Nun ist gewiß nicht von der Hand zu weisen, daß eine Hausbank im Bestreben, auf jeden Fall einen Rettungsversuch zu unternehmen, die Behörden und Ausschüsse des bürgenden Landes unvollständig oder mit leicht geschönten Berichten informiert oder spätere krisenhafte Erscheinungen nicht zum Anlaß von einschneidenden Maßnahmen wie etwa einer Kreditkündigung nimmt. Möglicherweise sind die Zwänge, die zur Gewährung des landesverbürgten Kredits geführt haben, im Gegenteil häufig die Ursache für ein „Weiterwursteln" auch bei weiterer Verschlechterung der Sanierungsaussichten. Dies muß übrigens nicht vorsätzlich geschehen sein, sondern kann seinen Grund auch darin haben, daß auch bei einer an sich gut durchorganisierten Bank nicht alle mit einer solchen Sache befaßten Mitarbeiter den gleichen Informationsstand haben, und die Zusammenarbeit zwischen den — häufig neu eingesetzten — Organen des betroffenen Unternehmens, den Kreditinstituten und den Landesbehörden sich erst einspielen muß[40]. Es kommt das Problem hinzu, inwieweit Kenntnisse solcher Mitarbeiter der Bank, die im Aufsichtsrat oder im Beirat des Schuldner-Unternehmens sitzen, der Bank zugerechnet werden können[41].

Wenn durch derartige Umstände das Land nicht ausreichend informiert und auf dem laufenden gehalten worden ist, so kann es — vorbehaltlich des Ergebnisses einer Inhaltskontrolle nach § 9 AGBG — aus der Bürgschaft nicht in Anspruch genommen werden. Schon dies stellt eine Verschärfung des Risikos der kreditgebenden Bank dar; darüber hinaus scheint im Streitfall zwischen der Beton- und Monierbau AG und der Westdeutschen Landesbank der Konkursverwalter erwogen zu haben, ob hieraus nicht weiter Einwände gegen die Gültigkeit des Kreditvertrages als solchen folgen.

---

[39] Zur engen Auslegung von Freizeichnungsklauseln in öffentlich-rechtlichen Satzungen (unter Anwendung auch der Auslegungsregel „contra proferentem") BGHZ 54, 299, 305; BGH WM 1977, 557 f.; BGH WM 1974, 1456, 1459; BGH WM 1980, 444 f. Zur Kontrolle von Satzungsklauseln auf Angemessenheit und Notwendigkeit der Belastung des Benutzers BGHZ 61, 7, 13; 66, 62, 66; BGH WM 1980, 891.

[40] Sehr eindrucksvoll auch hierzu der in Fn. 1 erwähnte Bericht des Parlamentarischen Untersuchungsausschusses in der Angelegenheit Blohm.

[41] Siehe hierzu — mit Bezug auf Aufsichtsratsmandate — Lutter, ZHR 145 (1981), S. 224 ff.; Werner ebenda S. 252 ff.

b) Da im allgemeinen wohl die Bürgenschuld von der Hauptschuld abhängt, nicht aber umgekehrt die Hauptschuld von der Gültigkeit der Verpflichtung des Bürgen, kann eine *Ungültigkeit auch des Kreditgeschäfts* nur in Anwendung des Rechtsgedankens des § 139 BGB unter dem Gesichtspunkt in Frage kommen, daß die Bank den Kredit in Kenntnis von der Unwirksamkeit der Verpflichtung des Landes nicht gewährt haben würde. Darlehensvertrag und Bürgschaft können eine wirtschaftliche Einheit bilden, obwohl an den einzelnen Abreden verschiedene Personen beteiligt sind. Dies ist ähnlich zu beurteilen wie bei der vom BGH angenommenen Einheit von Grundstückskauf und Bauträgervertrag[42]; ähnlich hat das RG einmal eine Geschäftseinheit von Darlehensvertrag auf der einen und Verpfändung und Bürgschaft auf der anderen Seite bejaht[43]. Die Vorstellung des Schuldners bzw. später seines Konkursverwalters, sich auf die Seite des aus der Bürgschaft in Anspruch genommenen Landes zu stellen und auf diese Weise die Verpflichtungen aus dem Kreditvertrag (nebst Sicherheiten) loszuwerden, liegt also nicht von vornherein im Bereich des Wunschdenkens.

Allerdings ist die Vermutung für Gesamtnichtigkeit, die § 139 BGB aufstellt, bekanntlich widerlegbar. Hier liegt nun m. E. auf der Hand, daß die Ungültigkeit der Verpflichtung des Bürgen zwar dem Gläubiger eine Sicherheit nimmt, aber nicht das Interesse daran, wenigstens den Hauptschuldner nach Maßgabe des Darlehensvertrages in Anspruch nehmen zu können. Auch dem Schuldner muß ferner daran liegen, nicht wegen der Ungültigkeit der Bürgenverpflichtung die Darlehenssumme aus dem Gesichtspunkt der ungerechtfertigten Bereicherung sofort zurückgeben zu müssen. Von diesen zur bloßen Teilnichtigkeit führenden Überlegungen ist auch die Sicherheitenbestellung erfaßt. Denn man kann kaum annehmen, daß das Kreditinstitut in Kenntnis der Zweifelhaftigkeit der Verpflichtung des Bürgen den Kredit ungesichert gegeben hätte.

Dies alles scheint einigermaßen klar zu sein, stellt aber nur den Ausgangspunkt weiterer Prüfung dar. Nach meinen Beobachtungen kann sich nämlich die Situation im Hinblick auf die Sicherheiten bedenklich zuspitzen, wenn der landesverbürgte Kredit, der ja vom Schuldner zusätzlich aus seinem Vermögen abgesichert werden muß, in dieser Hinsicht eine Vorzugsstellung vor anderen Bankkrediten des Schuldners genießt, wenn z. B. diese anderen Kredite sämtlich mit einer Negativklausel[44] versehen waren. Dann nämlich kann man jedenfalls aus der Sicht des Schuldners

---

[42] BGH NJW 1976, 1931; siehe auch RGZ 78, 41; BGH MDR 1966, 749.
[43] RGZ 86, 323.
[44] Zur Kreditsicherung durch Negativklausel siehe BGH WM 1955, 103; BGH WM 1955, 916; Bankgeschäftliches Formularbuch (18. Ausgabe 1969), S. 422 M 341.

nicht mehr ohne weiteres sagen, daß bei einem Ausfallen der Landesbürgschaft die Sicherheiten aus dem Vermögen des Schuldners trotzdem
bestellt worden wären. Eine Aufrechterhaltung dieses Kredits kann dann
nur noch mit Blick auf eine besondere Langfristigkeit oder eine sonstige
für den Schuldner und seine übrigen Gläubiger vorteilhafte Ausgestaltung
des Kredits begründet werden.

3. Zur Haftung wegen Konkursverschleppung

Die letzten Überlegungen mögen ein wenig den Eindruck erweckt
haben, daß die Probleme der gegenseitigen Beeinflussung von Bürgschaft
und Kreditvertrag und des Wandels der Bürgschaft zum gegenseitig
verpflichtenden Vertrag bei besonnenem Einsatz des herkömmlichen
privatrechtlichen Handwerkzeugs in einer Weise bewältigt werden können, die zwar nicht die Banken als die Verwalter unserer Einlagen, aber
doch jedenfalls den Staat als Verwalter unserer Steuergelder zu beruhigen
vermag. Dieses Bild könnte sich ändern, wenn man an die Rechtsfolgen
eines konkursverschleppenden Kredits und seiner Besicherung denkt.

a) Die Gewährung eines Kredits während einer wirtschaftlichen Krise
des Unternehmens begründet für die Bank bekanntlich nicht nur die
Gefahr des Verlusts der ausgeliehenen Mittel. Zum einen ist die Zufüh-
rung von Kredit nicht unbedingt ein Weg, die Konkursreife abzuwenden,
nämlich dann nicht, wenn Überschuldung als Konkursgrund ausreicht.
Bedenklicher ist indessen der Umstand, daß bei Fehlschlagen der mit der
Mittelzuführung bezweckten Sanierung der Vertrag über die Bestellung
von Sicherheiten nach § 138 BGB als nichtig angesehen werden könnte
und darüber hinaus dritte, zu kurz gekommene Konkursgläubiger nach
§ 826 BGB Schadensersatz wegen ihres Ausfalls fordern könnten[45].

Ohne daß in diesem Zusammenhang die einzelnen Voraussetzungen
einer Qualifizierung des Handelns einer Bank als sittenwidrig näher
dargestellt werden müßten, desgleichen die Nuancen in der Anwendung
der §§ 138 und 826 BGB, genügt für die heutige Fragestellung die
Feststellung, daß für die Vernichtung des Rechtsgeschäfts nach § 138 BGB
auf seiten des Handelnden die Kenntnis von den die Sittenwidrigkeit
begründenden Umständen ausreicht, wozu grobe Fahrlässigkeit bzw.
Böswilligkeit oder Gewissenlosigkeit bezüglich der möglichen Schädi-

---

[45] Zum folgenden die eingehenden Darstellungen bei *Aden*, MDR 1979, 891 ff.,
Coing, WM 1980, 1026 ff.; *Mertens*, ZHR 143 (1979), S. 174 ff.; *Rümker* ebenda
S. 195 ff.; *Serick*, Eigentumsvorbehalt und Sicherungsübereignung, Band III,
S. 101 ff.; *Obermüller*, Die Bank im Konkurs ihres Kunden, 1982, Rdnr. 637 ff.
Kritisch im früheren Schrifttum namentlich *Barkhausen*, NJW 1953, 1665; *H.
Westermann*, Interessenkollisionen und ihre richterliche Wertung bei den Siche-
rungsrechten an Fahrnis und Forderungen (1954).

gung Dritter hinzutreten muß. Diese Kriterien sind seit einer frühen
Entscheidung des BGH[46] nicht mehr wesentlich verändert worden, wenn
auch die sogleich zu besprechende Herstatt-Entscheidung des BGH als
Beginn einer Neubesinnung verstanden werden könnte. Anders verhält es
sich insoweit bei § 826 BGB. Nach bisher überwiegender Ansicht muß
hier zu den schon genannten Voraussetzungen der Sittenwidrigkeit ein
Schädigungsvorsatz in bezug auf zumindest bestimmbare Personen hin-
zukommen, was eine doppelte Prüfung der subjektiven Tatseite bedingt.
Demgegenüber wird neuerdings in der Wissenschaft unter Vorgang von
Mertens[47] das zu § 826 führende Sittenwidrigkeitsurteil an rollenbezoge-
nen Pflichtenstandards ausgerichtet. Ferner wird das zivilrechtliche Vor-
satzerfordernis „normativiert", was praktisch heißt, daß ein objektiver
Sorgfaltsverstoß in bezug auf Gläubigerinteressen bereits als Fall des § 826
angesehen werden kann. Übergeht man einmal das in diesen Überlegungen in Kauf genommene Verfließen der Tatbestände der §§ 138 und 826
BGB[48] und konzentriert sich allein auf die praktischen Konsequenzen, so
läuft ein Gläubiger, der um das Vorhandensein anderer Gläubiger weiß,
nach dieser Lehre Gefahr, daß ihm unterstellt wird, die Schädigung dieser
anderen wegen seiner eigenen Absicherung billigend in Kauf genommen
zu haben. Will er dieser Gefahr entgehen, so bedarf es einer sorgfältigen
Prüfung der Sanierungsaussichten, wobei — um es zu wiederholen — eine
unsorgfältige Prüfung nicht nur die Gültigkeit der Sicherheiten bedroht,
sondern im Zuge der neueren Lehren zur Berufshaftung auch eine Scha-
densersatzpflicht gegenüber den Mitgläubigern auslösen kann.

Zwar wird betont, es dürfe nicht zu einer Garantiehaftung auf Grund
des bloßen Mißerfolgs der mit dem Kredit bezweckten Maßnahmen
kommen[49], doch lassen sich im Nachhinein aufgedeckte Lücken im Sanie-
rungskonzept nur allzuleicht als vorwerfbare Versäumnisse verurteilen.
Die rechtlichen Maßstäbe auf diesem Gebiet sind bekanntlich ein wenig
von Schauerromantik gekennzeichnet: Den Gegenpol der sogenannten
„wirklichen" Sanierung, wie sie von der Bank angestrebt werden muß,
bilden die Verhaltensweisen eines Kreditinstituts, die als Knebelung,
Aussaugung, Verlängerung des Todeskampfs unter dem Oberbegriff der
Konkursverschleppung zusammengefaßt und somit als sittenwidrig
abqualifiziert werden. Im Rahmen der Behandlung landesverbürgter Kredite tritt folgerichtig die Frage auf, ob auf die nach diesen Maßstäben
vorzunehmende Bewertung des Verhaltens eines Kreditinstituts der

---

[46] BGHZ 10, 228, 232.
[47] Ausführlich ZHR 143, 174, 183 f.; siehe inzwischen auch *dens.*, Münchener
Kommentar, § 826 Rdnr. 145 ff.
[48] Dazu *Coing* a. a. O. S. 1027; *Serick* a. a. O. S. 103 f.
[49] *Mertens* a. a. O. S. 187; *Rümker* a. a. O. S. 205; *Coing* a. a. O. S. 1029.

Umstand Einfluß hat, daß ein von der öffentlichen Hand verbürgter Kredit gegeben worden ist.

b) In aller Regel werden Kredite der hier untersuchten Art im Sinne der herkömmlichen Terminologie[50] eigennützig sein insofern, als die kreditgebende Hausbank auch Forderungen aus früher dem Schuldner gewährten Krediten hat. Dann muß eine sehr sorgfältige Prüfung der Sanierungsfähigkeit stattfinden, in der Regel — wie der BGH unter Protest des praktischen Schrifttums meint — durch einen unabhängigen Sachverständigen[51]. Hier liegt es nun nahe, die Hausbank durch die Prüfung seitens des Landes (für das die Wirtschaftsprüfungsgesellschaft handelt) schlechthin als entlastet anzusehen[52].

Ich gestehe, daß mir diese Perspektive ein gewisses Unbehagen verursacht. Die Folgerung, daß ein staatsverbürgter Sanierungskredit schon wegen der Art seines Zustandekommens nicht konkursverschleppend i. S. von §§ 138 und 826 BGB sein könne, wird besonders demjenigen nicht ohne weiteres einleuchten, der die genannten Sorgfaltspflichten zum Schutze der Belange der anderen gegebenenfalls ungesicherten Gläubiger des Schuldners erfüllt wissen möchte. Allerdings kann die Hereinnahme von Sicherheiten für den neuen Kredit schon deshalb eigentlich nicht sittenwidrig sein, weil der Bürge nur als Ausfallbürge auftritt und in den Richtlinien den Schuldner zwingt, alle zumutbaren Sicherheiten zu stellen. Der Schutz der ungesicherten Gläubiger wird gewöhnlich auch in erster Linie in Ansehung der verdeckten Sicherheiten gefordert, während staatsverbürgte Sanierungskredite schon als solche erhebliche Publizität genießen. Entschiede man anders, so stünde das betroffene Kreditinstitut nur mehr vor der Alternative, entweder den Kredit völlig ungesichert — also ohne Bürgschaft und ohne eigene Sicherheiten des Schuldners — zu geben oder entgegen den Gutachten der Wirtschaftsprüfungsgesellschaft und der Landesbehörden den Kredit gänzlich zu versagen. Ob etwa die WestLB dies im Fall Mönninghoff (oben N. 25) durchhalten wird, wage ich zu bezweifeln.

Unabhängig von dem nach wie vor umstrittenen Problem, ob zumindest einer Hausbank die Pflicht obliegt, ihren Schuldner während einer an

---

[50] BGHZ 10, 228; *Obermüller* a. a. O. Rdnr. 635; kritisch *Rümker*, KTS 1981, 493, 508.

[51] BGHZ 10, 228; BGH WM 1971, 441; noch weitergehend KG NJW 1955, 1558 (siehe dazu *Scheer*, NJW 1956, 410). Kritisch *Meyer-Cording*, JZ 1953, 665 f.; *Barkhausen* a. a. O. S. 1665; *Rümker* a. a. O. S. 199; *Obermüller* a. a. O. Rdnr. 639; Vorbehalte auch bei *Serick* a. a. O. Band I S. 51 f.

[52] Siehe die Bemerkungen des Parlamentarischen Untersuchungsausschusses in der Sache Blohm (a. a. O. S. 935) zur Entlastung der Staatsverwaltung durch betriebswirtschaftliche Prüfer.

sich lösbaren Krise mit neuem Kredit zu versorgen[53], macht eine derartige Alternative den Druck, der in solchen Fällen auf den beteiligten Kreditinstituten lastet, fast unerträglich. Es würde auch nicht genügend berücksichtigt, daß in jedem Sanierungsversuch eingestandenermaßen ein Risiko steckt, das beide Partner des Geschäfts — Kreditinstitut und Bürge — auch im Interesse der anderen Gläubiger in Kauf nehmen und auf ihre Schultern zu verteilen suchen[54]. Wenn unter solchen Umständen die Gewährung eines Kredits als konkursverschleppend angesehen und daher seine Besicherung für nichtig erklärt wird, entfällt auch die Bürgschaft, die ja nur als Ausfallbürgschaft gegeben war. Das Kreditinstitut müßte dann das Risiko allein tragen, ebenso, wenn man sogar das Kreditgeschäft als solches für ungültig hält; dies alles erscheint im Ergebnis unangemessen.

Ich meine daher jedenfalls, daß bei landesverbürgten Sanierungskrediten die bisher von der Rechtsprechung angewendeten Sittenwidrigkeitsmaßstäbe einer Modifikation bedürfen. Eine konkursverschleppende Kreditgewährung liegt dann nur vor, wenn das beteiligte Kreditinstitut bei der generell gebotenen Prüfung der Verhältnisse ex ante — also nicht aus der Sicht eines später doch eingetroffenen Zusammenbruchs — die Pflicht und die psychologisch-faktische Möglichkeit gehabt hätte, Sanierungsversuche mit Hilfe der öffentlichen Hand schlechthin zu unterbinden[55]. Hinzuweisen ist in diesem Zusammenhang auf die Maßstäbe, die der BGH in einem seiner beiden *Herstatt*-Urteile bezüglich der Prüfungspflicht der Organe einer Kapitalgesellschaft in einer Sanierungssituation aufgestellt hat[56]. Hiernach gereicht es einem Organ nach sorgfältiger und gewissenhafter Prüfung eines Sanierungsversuchs nicht zum Vorwurf, wenn eine für das Gelingen des Versuchs unerläßliche Fortführung des Betriebs unter Geheimhaltung seiner bedrängten Lage die Möglichkeit einschließt, daß hierdurch Getäuschte bei einem Zusammenbruch des Unternehmens einen Schaden erleiden, der ihnen bei sofortiger Einleitung eines Insolvenzverfahrens erspart geblieben wäre. Der BGH gewährte den Gesellschaftsorganen das Recht, die volle Frist des § 92 Abs. 2 S. 1 AktG auszuschöpfen, ausdrücklich auch dazu, um die Bereitschaft der

---

[53] Siehe *Obermüller* Rdnr. 646 f.; *Canaris*, Großk. HGB, Bankvertragsrecht, Rdnr. 1271 ff.; Münchener Kommentar-*H. P. Westermann*, Ergänzungslieferung § 610 Rdnr. 3. Praktische Forderungen dieser Art bei *Lenel* (Fn. 3) S. 443.

[54] So auch der Parlamentarische Untersuchungsausschuß a. a. O.

[55] Es mag nicht überflüssig sein, darauf hinzuweisen, daß der Druck auf das Land, den Verlust von Arbeitsplätzen zu verhindern, im Einzelfall so stark sein kann, daß selbst Bedenken der eingeschalteten Fachleute mißachtet werden, siehe auch dazu den Bericht des Parlamentarischen Untersuchungsausschusses a. a. O.

[56] BGHZ 76, 95; ähnlich *Coing* a. a. O. S. 1027; zustimmend jetzt auch *K. Schmidt* (oben Fn. 22), S. 492.

öffentlichen Hand zu Hilfeleistungen abzuklären. Man sieht andererseits auch mit Staunen, in welch kurzer Zeit der BGH eine Entscheidung der zuständigen Instanzen für möglich hielt! Ein hiernach erlaubtes Verhalten der Gesellschaftsorgane, so heißt es in dem Urteil weiter, könne nicht gleichzeitig (als Konkursverschleppung) gegen die guten Sitten verstoßen.

Somit muß in die Frage nach der Sanierungsfähigkeit des Schuldners offen auch eine Einbeziehung staatlicher Stellen in die Verteilung der Sanierungsrisiken aufgenommen werden. Ich meine auch im Ergebnis, daß die Prüfung der Risiken durch die vom Land eingesetzten Institutionen das beteiligte Kreditinstitut entlastet, wenn es seinen Informationspflichten nachgekommen ist. Methodisch wird hiermit nicht mehr gefordert als die im Sittenwidrigkeitsurteil immer notwendige Gesamtbetrachtung aller Umstände des Einzelfalls. In der Praxis werden damit allerdings die beteiligten öffentlichen Behörden stärker, als ihnen nach ihren Erläuterungen zu den jeweiligen Bürgschaftsrichtlinien lieb sein mag, in die unternehmerische — nämlich die auf die Finanzierung bezügliche — Mitverantwortung gezogen.

c) Ein solches Konzept muß freilich noch gegen eine weitere, in der bisherigen Diskussion noch gar nicht erörterte Gefahr abgesichert werden. Es könnte nämlich ein im Konkurs zu kurz gekommener Mitgläubiger auf den Gedanken kommen, die Gewährung der *Bürgschaft* als solche als *konkursverschleppenden* und damit zum Schadensersatz verpflichtenden Akt zu bezeichnen. Die Empörung über einen solchen Angriff, die man sich leicht vorstellen kann, dürfte kaum größer sein als früher die Enttäuschung eines Kreditinstituts, das auch bei uneigennütziger Sanierung besondere Risiken einging und dafür als angeblich sittenwidrig handelnd zur Verantwortung gezogen wurde[57]. Rein tatsächlich sind die Maßnahmen durchaus vergleichbar, kann doch die Gewährung einer Landesbürgschaft, die in der Regel lebhafte Aufmerksamkeit der Öffentlichkeit auf sich zieht, eher stärker als die Einräumung eines still besicherten Bankkredits andere Gläubiger des Schuldners zum Stillhalten oder Weitermachen anregen. Es läßt sich auch nicht leugnen, daß ein entscheidender Anstoß zur Besicherung des Sanierungskredits vom Bürgen ausgeht, und daß weiterhin durch die Bürgschaft die Hausbank in der Durchführung des Sanierungsversuchs maßgeblich mit beeinflußt worden ist.

Dennoch muß sich die Vorstellung, Kreditwirtschaft und öffentliche Hand im hier untersuchten Bereich auch als Partner im unerlaubten, ja womöglich sittenwidrigen Tun wiederzufinden, auf scharfen Wider-

---

[57] Man lese hierzu die Ausführungen von *Meyer-Cording*, JZ 1953, 665 ff. und *Barkhausen*, NJW 1953, 1665; ferner *Scheer*, NJW 1956, 410; ganz anders heute *Meyer-Cording*, NJW 1981, 1242 ff.

spruch gefaßt machen. Gegen eine solche Gleichbehandlung in der Sünde dürfte die Verschiedenheit der Motive des Handelns angeführt werden, ferner der von den Ländern auch betonte größere Abstand von den eigentlichen unternehmerischen Entscheidungen, der es unangebracht erscheinen läßt, die im Rahmen der Berufshaftung entwickelten scharfen Sanktionen auf den Staat auszudehnen. In der Tat ist das Handeln der öffentlichen Stellen in diesem Bereich, wenn es mit den für die Kreditwirtschaft entwickelten Maßstäben der Eigennützigkeit oder Uneigennützigkeit betrachtet wird, dem uneigennützigen Handeln zuzuordnen. Aber man fragt sich doch, ob die Abwägung zwischen der Arbeitsplatzerhaltung und den durch eine Konkursverschleppung bedrohten Vermögensinteressen anderer Gläubiger im Kern so viel anders ausfallen darf als die zwischen den von der Kreditwirtschaft zu beobachtenden Einleger- bzw. Allgemeininteressen und den genannten Belangen der Mitgläubiger[58], ganz abgesehen davon, daß zumindest bei den öffentlich-rechtlich organisierten Banken der Gesichtspunkt der Arbeitsplatzerhaltung die Entscheidungen ebenfalls ganz wesentlich beeinflußt. Bei der bekannten Streitfrage der Kollision zwischen Geld- und Lieferantenkredit hat die Rechtsprechung den Banken eine Rücksichtnahmepflicht in Ansehung der Interessen der Warenkreditgeber auferlegt, bei deren Verletzung die Bank sittenwidrig handle[59]. Argumentiert man trotz der bekannten Widersprüche gegen diese Rechtsprechung hier ähnlich, so lautet die entscheidende Frage, ob Kreditwirtschaft und/oder öffentliche Hand bei der Beschlußfassung über einen Sanierungsversuch den von ihnen verfolgten wirtschaftlichen und sozialen Zielen nicht ebenfalls die Rücksicht auf eine mögliche Gefährdung anderer Gläubiger gegenüberstellen müssen. In der Zielsetzung des jeweiligen Handelns liegen daher m. E. keine entscheidenden Unterschiede.

Richtig ist natürlich, daß im allgemeinen die Hausbank des Schuldners den Einzelheiten seiner Finanzplanung und der Verwirklichung eines Sanierungskonzepts näher steht als die Repräsentanten eines bürgenden Staats, zumal diese, wie aus der Praxis zu vernehmen ist, nicht selten in einem völlig unzumutbar kurzen Zeitraum zu verbindlichen Äußerungen aufgefordert werden. Aber gerade auf Grund der hier gewonnenen Einsichten kommt es ja zumeist zu der Situation, daß die Hausbank weitere Kreditgewährung von der Bewilligung der Landesbürgschaft abhängig macht. M. E. ist daher an dem Ergebnis nicht vorbeizukommen, daß die an der Sanierung Beteiligten in einem Boot sitzen und deshalb die

---

[58] Dazu besonders *Wüst*, Festschrift für *Wilburg* (1965), S. 257 ff.; *H. Westermann* (oben Fn. 45).

[59] BGHZ 30, 149; 72, 308; BGH NJW 1970, 657; Übersicht über den Diskussionsstand bei *Erman-H. P. Westermann*, BGB, § 398 Rdnr. 19 ff.

Verantwortung nicht nur den einen von ihnen treffen kann. Sieht man also die unter den obwaltenden Umständen überhaupt nur erfüllbaren Informations- und Prüfungspflichten im Einzelfall als beobachtet an, so hat weder die Bank noch das bürgende Gemeinwesen den Vorwurf der Konkursverschleppung zu fürchten.

III. Steuerung der Unternehmenstätigkeit durch Auflagen

Eine Kooperation zwischen Kreditwirtschaft und einem bürgenden Land gibt es auch insofern, als die Vollziehung der vom Land auf Grund der Bürgschaftsrichtlinien gemachten Auflagen durch die kreditgebende Bank mit überwacht oder die Bank unmittelbar als diejenige Stelle eingesetzt wird, die die Vollziehung der Auflage verlangen kann. Sie nimmt dabei eigene wirtschaftliche Interessen zugleich mit denen des Bürgen wahr. Ich unterscheide im folgenden Eingriffe in die Unternehmensführung und auf der anderen Seite Umstrukturierungen des Unternehmens mit Einfluß auf den Inhalt der Anteilseignerrechte.

1. Zweck und Rechtsgrundlage der Auflagenpraxis

Auflagen hinsichtlich der personellen Zusammensetzung der Geschäftsführung, der Finanzierungskonstruktion oder der Berichtspflicht werden in den mir vorliegenden Erläuterungen der Länder zur Gewährung von Bürgschaften für notleidende Betriebe nicht selten erwähnt. Im politischen Raum wird die Auflagenpraxis, wie in einer Rede des damaligen nordrhein-westfälischen Wirtschaftsministers *Riemer* im Januar 1979[60] zu hören war, als Argument gegen den Vorwurf eingesetzt, die öffentliche Hand schütze durch ihre Hilfsmaßnahmen nur die Eigner von Großunternehmen gegen die Auswirkungen der Marktgesetze. Darüber hinaus geht es aber natürlich um die Sicherung des Sanierungszwecks, wobei die genannten Maßnahmen der naheliegenden Überlegung entspringen, die Krise des zu sanierenden Unternehmens müsse ihre Ursache auch in der unternehmerischen Konzeption sowie in Unzulänglichkeiten der bisherigen Unternehmensleitung gehabt haben.

Die Rechtsgrundlage solcher Auflagen läßt sich, da das Modell des §525 BGB kaum paßt, nicht unter einfacher Übernahme gesetzlicher Vorbilder bestimmen. Sieht man das Innenverhältnis zwischen Bürgen und Hauptschuldner als Geschäftsbesorgungsvertrag an, wie es verbreitet angenommen wird[61], so entspricht es der Vertragsfreiheit, daß der Beauftragte dem Auftraggeber außer den typischen noch besondere Pflichten

---

[60] „Strukturpolitik in der Sozialen Markwirtschaft", Ansprache vor den Mitgliedern der Wirtschaftlichen Gesellschaft für Westfalen und Lippe in Münster, gehalten am 22.1.1979.
[61] *Erman-Seiler*, BGB vor §765 Rdnr.10.

auferlegen kann. Auf diese Weise können auch Informations- und Bestimmungsrechte eines Dritten wie der kreditgebenden Bank begründet werden. Das Vorbild der Auflage als Nebenbestimmung eines Verwaltungsakts paßt dagegen nicht so gut, insofern, als eine geschlossene privatrechtliche Konstruktion die Suche nach einer besonderen Ermächtigungsgrundlage für die Auflage entbehrlich macht.

2. Grenzen des Fremdeinflusses auf die Unternehmensführung

Der Hinweis auf die Vertragsfreiheit beantwortet nicht ohne weiteres die Frage, ob auch unbegrenzte Privatautonomie in der Bindung der Entscheidungsfreiheit des Schuldners bezüglich seiner Unternehmens-Interna besteht. Dabei steht der oben erwähnte, an und für sich schon bemerkenswerte Wunsch des bürgenden Landes nach einem „Gesundschrumpfen" des Gesellschafterkreises durch Ausscheiden der der Unternehmensführung ferner stehenden und vielleicht auch nicht genügend risikobereiten Gesellschafter rechtstechnisch auf einer anderen Ebene als direkte Genehmigungs- oder Benennungsbefugnisse der eingeschalteten Bank bezüglich der Geschäftsführerposten. Im ersteren Fall ist eine Lösung allein auf der Grundlage der vom Land gesetzten Vertragsbedingungen schwer vorstellbar. Es kann vielmehr nur so gewesen sein, daß vertragliche Bedingung für die Gewährung oder Aufrechterhaltung des Sanierungskredits das freiwillige Ausscheiden eines Teils der Gesellschafter gewesen ist. Die Bedenken gegenüber solchen Modalitäten der Bürgschaft betreffen die Freiwilligkeit des Handelns der ausscheidenden Gesellschafter, da diese praktisch vor die Alternative gestellt waren, entweder auszuscheiden oder das Unternehmen in Konkurs gehen zu sehen. Ich gehe dem hier nicht weiter nach, weil die Verträge immerhin zu einem beiderseits gewollten und nach außen hin dokumentierten Ausscheiden aus der Gesellschaft geführt haben. Die Einräumung fortwährender Einflüsse des Landes oder der von ihm mit der Interessenwahrnehmung beauftragten Bank auf die personelle Zusammensetzung der Verwaltung betroffener Kapitalgesellschaften oder auf die Rechtsstellung der Kommanditisten betroffener Personengesellschaften — beide Fälle wurden einleitend erwähnt — geben dagegen zu grundsätzlichen Überlegungen Anlaß.

a) Ich beginne mit der *Organbestellung in Kapitalgesellschaften*. Hier wird in die Personalhoheit der Gesellschafterversammlung — bei der AG des Aufsichtsrats — durch eine vertragliche Bindung eingegriffen, wobei man zunächst dahinstehen lassen kann, ob der Einfluß des Landes oder der für das Land handelnden Bank realisiert wird durch ein unmittelbares Präsentationsrecht zur Bestellung als Organperson oder durch Stimmbindungsverträge mit den Gesellschaftern, was in der GmbH beides als direkte Einwirkungsmöglichkeit in Betracht kommt[62]. Zu erwägen ist auch noch eine satzungsmäßige Eignungsvoraussetzung für die Bestellung als Geschäftsführer oder Vorstandsmitglied, die darin bestünde, dem bestimmungsberechtigten Dritten genehm zu sein.

Betrachten wir zunächst die Verhältnisse in der *GmbH*, so ist an sich bekannt, daß die Regelung in § 46 Ziff. 5 GmbHG, nach der die Gesellschafterversammlung den Geschäftsführer wählt, nicht zwingend ist[63]. Verbreitet sind Präsentationsrechte von Gesellschafterstämmen[64] oder Einzelgesellschaftern, aber auch die Übertragung des Bestimmungsrechts auf Organe wie einen Beirat, der dann entweder als Schlichter zwischen streitenden Gesellschaftergruppen fungiert oder den den Anteilseignern fehlenden Sachverstand in die Entscheidung einbringen soll. Ein Einfluß einer außerhalb der Gesellschaft stehenden Institution auf die Geschäftsführerbestellung geht darüber aber noch einen Schritt hinaus.

Nun hat sich in den letzten Jahren hinsichtlich des Ausmaßes erlaubter Fremdbestimmung ein Anschauungswandel vollzogen, der allerdings bisher weniger im Hinblick auf die Bestellung von Geschäftsführern als in bezug auf die Besetzung von Beiräten mit Beratungs- und Entscheidungskompetenzen relevant wurde. Danach wird der h. M., die im Zuge der Satzungsautonomie die Übertragung der Bestimmungskompetenz auf einen Nichtgesellschafter für unbedenklich hält[65], mit unterschiedlichen Gründen widersprochen. Auch bei den Verbandstypen, für die im gesetzlichen Modell Fremdorganschaft vorgesehen ist, wird nämlich von einer neueren Ansicht[66] ein Eingriff in Mitgliedschaftsrechte als Verstoß gegen den *Grundsatz der Verbandssouveränität* bezeichnet, wenn er dazu führt, daß das Schicksal eines Verbandes von Personen abhängt, die nicht die gleichen Interessen verfolgen wie die Gesellschafter selbst, und deren Rechtsausübung deshalb nicht ausreichend beschränkt und kontrolliert werden kann. Diese von *Wiedemann*[67] aufgestellte These war ursprünglich auf die Personengesellschaft gemünzt, hat aber inzwischen ihre Geltung auch auf die Kapitalgesellschaften ausgedehnt und muß als allgemeine

---

[62] Zu diesen Unterscheidungen *Hachenburg-Mertens*, § 46 GmbHG Rdnr. 14; *Scholz-K. Schmidt*, § 46 GmbHG Rdnr. 15.

[63] RGZ 137, 308; BGHZ 12, 339; *Scholz-K. Schmidt* a. a. O.

[64] Siehe etwa den Fall BGH GmbHR 1973, 279.

[65] KG JW 1926, 598 m. zust. Anm. *Fischer* S. 599· *Feine*, Die Gesellschaft mit beschränkter Haftung, in: *Ehrenberg*: Handbuch des gesamten Handelsrechts, Dritter Band, III. Abt. (1929), S. 474; *Baumbach-Hueck*, GmbHG § 52 Anm. 2 A; *Scholz-Winter*, § 6 Rdnr. 12.

[66] Für die Geschäftsführerbestellung *Teichmann*, Gestaltungsfreiheit in Gesellschaftsverträgen (1970), S. 196; allgemein *Voormann*, Die Stellung des Beirats im Gesellschaftsrecht (1981), S. 126 ff.

[67] Festschrift für *Schilling* (1973), S. 105, 111.

Schranke von Zuständigkeitsverlagerungen von der Gesellschafterversammlung auf andere Einflußträger bezeichnet werden[68]. Der Grundsatz
der Verbandssouveränität ist allerdings nicht unbestritten geblieben,
wobei der allgemeinen Diskussion die Schärfe dadurch genommen wird,
daß die Gegenansicht die Übertragung von Rechten auf einen nicht
gesellschaftsangehörigen Dritten immer unter den Vorbehalt der Anwei-
sung in Einzelentscheidungen oder der Beendigung der Rechtsstellung als
solcher durch die Gesellschafterversammlung stellt[69]. Hinzu kommt, daß
die Entscheidungen dritter Personen in Beiräten stets das Gesellschaftsin-
teresse zu berücksichtigen haben, wobei insbesondere die Verfolgung der
Belange eines Kreditinstituts, das einen Sanierungskredit gegeben hat, mit
den Gesellschaftsinteressen kaum in Konflikt geraten dürfte. Dennoch ist
für die Geschäftsführerbestellung auf Grund einer Unterwerfung der
GmbH unter den Willen eines nicht gesellschaftsangehörigen Dritten an
der Entscheidung der Wertungsfrage nicht vorbeizukommen, weil ein
bestehenbleibendes Weisungs- oder Abberufungsrecht der Gesellschafter
dem Interesse des Kreditgebers und des bürgenden Landes, die einen
Kredit nach Valutierung nicht ohne weiteres rückgängig machen können,
nicht entspricht, die Auflage also regelmäßig im Sinne einer zeitlich
befristeten Aufgabe des Selbstbestimmungsrechts gedacht sein wird.

Wiedemann[70] hat nun allerdings differenziert, wie es der Funktion des
Prinzips als einer beweglichen Schranke der Privatautonomie entspricht.
Zunächst sieht auch er den Außeneinfluß etwa dann als unbedenklich an,
wenn den Gesellschaftern ein unbeschränktes Weisungsrecht verbleibt;
dies dürfte aber in den Fällen eines Bestimmungsrechts auf Grund einer
Auflage in den Sanierungsverträgen regelmäßig nicht der Fall sein. Weiter
soll es zulässig sein, derartige Befugnisse einem Dritten punktuell als
Hilfsmittel zur Sicherung ordnungsmäßiger Vertragserfüllung einzuräu-
men, wobei Kreditverträge ausdrücklich erwähnt werden. M. E. besteht
allerdings die Gefahr, daß die Gerichte ein nicht durch Weisungsbefug-
nisse der Gesellschafter ausgeglichenes unmittelbares Bestellungsrecht
einer Bank zur Geschäftsführung einer GmbH — nicht etwa nur zur
Mitgliedschaft in einem Beirat — durch die Interessen eines Kreditgebers
nicht als gerechtfertigt ansehen, sondern einen solchen Vertrag als Knebelung verwerfen werden. Vielleicht können die Allgemeininteressen an
möglichst effektivem und risikolosem Einsatz von Staatsmitteln einer
solchen Auflage das Profane nehmen und die eingesetzten Mittel heiligen,

---

[68] So auch *Wiedemann*, Gesellschaftsrecht § 7 II 1 b.
[69] So — ebenfalls mit Bezug auf die Personengesellschaft — *Flume*, Die Personengesellschaft (1977), S. 235 ff., 237, 239; kritisch auch *H. Westermann*, Handbuch der Personengesellschaft, Rdnr. 153; für die GmbH *Winter*, GmbHR 1965,
195 f.; *Scholz-Winter*, § 6 Rdnr. 12.
[70] *Wiedemann* (oben Fn. 67) S. 117.

zumal die durch den Grundsatz der Verbandssouveränität geschützte private Kapitaleignergruppe das Unternehmen in die Sanierungssituation geführt hat und den Anspruch auf das Letztentscheidungsrecht zumindest bis zur Entlastung der öffentlichen Hand verwirkt haben könnte. Aber hier wird schon deutlich, wie stark die privatrechtliche Argumentation von öffentlichen (nicht: öffentlich-rechtlichen) Nützlichkeitserwägungen überlagert wird. Letztlich bleibt daher zweifelhaft, ob die Entwicklung des Gesellschaftsrechts in Richtung auf eine Eindämmung von Dritteinflüssen vor den hier erörterten an sich einsehbaren Bedürfnissen Halt machen wird.

In der *Aktiengesellschaft* ist die Zuständigkeitsverteilung der Organe grundsätzlich zwingend. Dem Aufsichtsrat kann die Kompetenz zur Bestellung der Vorstandsmitglieder nicht genommen werden, und er muß bei seiner Entscheidung auch frei bleiben, so daß Stimmbindungen oder Verpflichtungen gegenüber einem Dritten nichtig sind[71]. Hier ist also ein Träger öffentlicher Interessen, der um eine Bürgschaft angegangen wird, nur auf moral persuasion angewiesen, wie auch im Fall AEG der Einsatz eines bestimmten Fachmanns als Finanzberater des Unternehmens nicht Gegenstand einer vertraglichen Regelung war. Ohnehin sollte die Bedeutung informeller Wünsche in diesem Bereich betont werden, zumal sie ja nicht weniger effektiv sein müssen als rechtlich abgesicherte.

b) Die bereits erwähnte „Relevanzerklärung" der *Kommanditisten* einer KG ist nicht wegen eines durch die Erfüllung der Auflage zu sehr verstärkten Außeneinflusses, sondern wegen der Beschneidung der gesellschaftsrechtlichen Mitverwaltungsrechte zum Vorteil des Komplementärs problematisch. Der Sache nach handelt es sich um einen Stimmrechtsverzicht der Kommanditisten in außergewöhnlichen Angelegenheiten, in denen ihnen sonst nach § 164 HGB ein Mitwirkungsrecht zusteht. Einen satzungsmäßigen Stimmverzicht läßt die Rechtsprechung bekanntlich bis auf einen Kernbereich an Gesellschafterrechten gelten[72]. Doch heißt dies noch nicht unbedingt, daß ein solcher Verzicht wirksam auch einem Dritten gegenüber — in concreto der Bank, die das landesverbürgte Darlehen gegeben hatte — erklärt werden kann. Bleibt man freilich dabei, daß ein nicht gesellschaftsangehöriger Dritter in der Personengesellschaft ein Stimmrecht in den Gesellschaftsorganen erhalten kann, so mag man es auch angehen lassen, daß einem Dritten gegenüber ein Stimmverzicht ausgesprochen werden kann. Die Beschneidung der eigenen Rechte endet dann aber spätestens an ihrem „Kernbereich", würde also gerade bei

---

[71] *Hefermehl*, in: *Geßler-Hefermehl-Eckhardt-Kropff*, Kommentar zum Aktiengesetz, § 84 Anm. 7 ff.
[72] BGHZ 20, 363; *Erman*, Festschrift für Nipperdey (1965), S. 277 ff.; *H. Westermann*, Handbuch, Rdnr. 876, 323.

grundlegenden unternehmerischen Entscheidungen versagen, um deren Verlagerung in die alleinige Kompetenz des Komplementärs es dem betreffenden Bundesland ging. Konstruktiv scheint die Problematik hier einfacher zu liegen als bei der Einräumung von Einflüssen an Nichtgesellschafter, weil nur innerhalb der Gesellschaft der Kommanditist gezwungen wird, sich selbst — ohne entsprechende Bestimmung des Gesellschaftsvertrages — zum „minderberechtigten" Gesellschafter[73] zu machen. Bei wertender Betrachtung kann aber m. E. der Außeneinfluß als Einwand gegen die Beachtlichkeit der Dominanz des Komplementärs nicht übersehen werden.

Ohnehin stammt die gesamte diesbezügliche Judikatur noch aus einer Zeit, in der der zweite Zivilsenat des BGH sein „rechtsethisches" Empfinden noch nicht entdeckt bzw. noch nicht so verfeinert hatte wie in den letzten Jahren[74]. Wäre der betroffene Kommanditist Angehöriger einer Minderheit, würde sein Bedürfnis, von einem mehr oder weniger erzwungenen Verzicht später abzurücken, vermutlich schnell beredte Fürsprecher finden. Im konkreten Fall hatte er sogar die kapitalmäßige Mehrheit. Man muß hier bedenken, daß der BGH noch kürzlich[75] eine Vertragsklausel, nach der die Kommanditisten ohne wichtige Gründe aus der Gesellschaft ausgeschlossen werden konnten, selbst bei Notwendigkeit voller Abfindung für sittenwidrig erklärte, weil eine solche Regelung den Kommanditisten außerstand setze, sich gegen Maßnahmen des Komplementärs zu wehren. Angesichts dessen ist es wenig wahrscheinlich, daß eine nicht im Verhalten des Kommanditisten begründete Überantwortung aller Entscheidungsgewalt an den Komplementär sogar ohne satzungsmäßige Grundlage vor den Augen des Gerichts Gnade finden könnte. Ob der BGH eines Tages sogar einen Schutz des Mehrheitsgesellschafters gegen tatkräftige Minderheiten für notwendig halten wird, braucht daher nicht entschieden zu werden, um zu dem Schluß zu kommen, daß eine Verzichtserklärung wie die hier vorliegende nur in sehr engen Grenzen anerkannt werden kann.

IV. Schlußbetrachtung

Ich möchte zum Schluß aus den Niederungen der Rechtsanwendung in die lichten Höhen der Gesellschaftspolitik überwechseln. In dem schon erwähnten Vortrag hat Horst Ludwig *Riemer* es als „letzte Konsequenz" der staatlichen Maßnahmen zur Arbeitsplatzerhaltung bezeichnet, daß die

---

[73] Siehe etwa *Flume* a. a. O. S. 179.
[74] Dazu grundlegend *Wiedemann*, ZGR 1980, 147 ff.; kritisch *Hirtz*, BB 1981, 761 ff.
[75] BGH NJW 1981, 2553; dazu *Krämer*, NJW 1981, 2553 ff.; *Kreuz*, ZGR 1983, 109 ff.

bisherigen Eigentümer in solchen Fällen ihr Eigentum verlieren, und daß dann versucht wird, die Arbeitsplätze unter anderer Leitung zu erhalten. Dies sei, so fügte er hinzu, nicht im Sinne einer Verstaatlichung der Unternehmen gedacht, sondern als Hilfestellung für einen neuen Start mit anderen Unternehmern, die die Aufgabe besser zu leisten vermögen als die bisherigen. Man sollte sich hüten, derartige Überlegungen als reines politisches Programm abzutun. Immerhin hat die Insolvenzrechtskommission, die über die Einführung eines Reorganisationsverfahrens in Sanierungsfällen nachdenkt, ebenfalls die Expropriation der bisherigen Anteilseigner erwogen[76]. Auch aus Kreisen von Bankjuristen sind derartige Forderungen für den Fall zu hören, daß sich Gesellschafter einer aussichtsreichen Sanierung widersetzen[77]. Den praktischen Fall einer drastischen Verkleinerung des Gesellschafterkreises auf Wunsch des bürgenden Landes habe ich schon erwähnt.

Die Idee hinter solchen Vorschlägen scheint einerseits zu sein, daß die privaten Anteilsrechte am sanierungsbedürftigen Unternehmen sowieso wertlos seien, so daß es ohne verfassungsrechtliche Skrupel erlaubt sein müsse, sie ganz zu beseitigen[78]. Ob dies auf etwas anderes hinauslaufen kann als eine Überführung in irgendeine Form von Gemeineigentum, erscheint zweifelhaft, weil eine von hoher Hand verfügte Zuteilung der Anteilsrechte an eine neue und leistungsfähigere Unternehmergeneration als Ergebnis eines nach rechtlichen Regeln ablaufenden Prozesses außerhalb der verfassungsrechtlich dafür vorgesehenen Prozeduren[79] derzeit nicht vorstellbar ist. Auch unter wirtschaftspolitischen Gesichtspunkten zögert man, einen derartigen Eingriff in den Prozeß der Ablösung gescheiterter privater Investitionen durch u. U. chancenreichere Anlagen, der durch eine — möglicherweise staatlich zu finanzierende — Übertragung der Anteilsrechte zu bewerkstelligen wäre, für einen Fortschritt zu halten[80]. Aber darüber hinaus ist noch nicht ausgemacht, ob Privatunternehmen, auch wenn ihnen mit öffentlicher Hilfe wegen der Arbeitsplätze wieder auf die Beine geholfen worden ist, nach Rückzahlung und Verzinsung der öffentlich geforderten Kredite nicht weiterhin Privatunternehmen bleiben, so wie auch bei einem Scheitern des Sanierungsversuchs die restlichen privaten Vermögensrechte zur Gläubigerbefriedigung herhalten müssen, auch wenn sie bei einer früheren Einstellung des Betriebs viel-

[76] Nachw. aus den (unveröffentlichten) Leitsätzen der Insolvenzrechtskommission bei K. Schmidt (oben Fn. 2), S. 83 f.; siehe auch Uhlenbruck, KTS 1981, 513.
[77] Schröter-Weber, ZIP 1982, 1023, 1026.
[78] So etwa Schröter-Weber a. a. O.
[79] Nach Flessner (oben Fn. 3) S. 1285 können die Kapitaleigner zu Abstrichen an ihren bisherigen Positionen nur durch Enteignung oder Sozialisierung gezwungen werden.
[80] Zu den diesbezüglichen Bedenken siehe Flessner a. a. O. S. 1286.

leicht hätten gerettet werden können. Wenn man bedenkt, daß die Bürgschaftsrichtlinien vorschreiben, nach Möglichkeit das außerhalb des Unternehmens befindliche Vermögen der Gesellschafter und ihrer Ehegatten durch deren private Bürgschaft mit zu verhaften, was als Beitrag zu einem mit öffentlicher Hilfe unternommenen Sanierungsversuch auch zumutbar erscheint, so ist nicht einzusehen, daß bei einem Gelingen dieses Versuchs diese Opfer vergeblich gewesen sein sollten. Beim letzten Deutschen Juristentag lehnte auch der Gutachter *K. Schmidt* die Expropriierung ab, weil sie die Gesellschafter von der möglichst frühen Stellung eines Konkursantrags abhalten könne[81]; auch dieses mehr pragmatische Bedenken spricht dagegen, diesen Weg weiter zu verfolgen.

Als Privatrechtler lege ich Wert auf die abschließende Feststellung, daß die Öffentlichkeit eines Vorgangs wie der Unternehmenssanierung durch gemeinsame Bemühungen von Kreditwirtschaft und staatlichen Stellen die privatrechtliche Grundstruktur der getroffenen Maßnahmen nicht beseitigt, demgemäß auch nicht die nach Regeln der formalen Gleichheit erfolgende Zuteilung von Chancen und Risiken. Es mag durchaus zutreffen, daß das „klassische Privatrechtssystem" sich nicht mehr generell ohne Berücksichtigung auch öffentlicher Belange an bestimmten Rechtspositionen aufrechterhalten läßt, weil aus der Mitte der öffentlich relevanten Privatsphäre der bürgerlichen Gesellschaft eine „repolitisierte Sozialsphäre" entstanden ist, in der sich staatliche und gesellschaftliche Institutionen zu einem einzigen, nach Kriterien des Öffentlichen und Privaten nicht länger zu differenzierenden Funktionszusammenhang zusammenschließen[82]. Die in meinem Thema genannte Zusammenarbeit von Privatwirtschaft und öffentlichen Händen ist aber viel vordergründiger als gemeinsame Verfolgung unterschiedlich profilierter Ziele gedacht, die, wenn sie erfolgreich sein soll, einer Chancen und Risiken angemessen verteilenden (privat)rechtlichen Ordnung bedarf. Hierzu erste Anstöße zu geben, war das Ziel der vorigen Überlegungen.

---

[81] A. a. O. S. 83.
[82] *Habermas*, Strukturwandel der Öffentlichkeit (1962), S. 180.